Tierfiguren aus Ton

Susanne Michel, Rosemarie Buddenbohm

TIERFIGUREN aus Ton

Die Deutsche Bibliothek – CIP-Einheitsaufnahme
Tierfiguren aus Ton / Susanne Michel und Rosemarie Buddenbohm. – Wiesbaden: Englisch, 1997
ISBN 3-8241-0713-9

© by Englisch Verlag GmbH, Wiesbaden 1997
ISBN 3-8241-0713-9

Inhaltsverzeichnis

Vorwort 6
Material und Werkzeug 7
Arbeitsanleitung 8
Tipps und Tricks 10

Tierfiguren 11
   Vogel mit Federn 12
   Marienkäfer 14
   Elefant 16
   Fisch 18
   Fisch als Windlicht 20
   Frosch 22
   Huhn 24
   Igel 26
   Katze 28
   Kohlmeise 30

Schaf 32
Eisbär 34
Ente 36
Eule 38
Eule als Windlicht 40
Hahn 42
Liegender Bär 44
Maulwurf 46
Maus 48
Pinguin 50
Schildkröte 52
Dinosaurier 54
Eichhörnchen 56
Elefant mit Hose 58
Gorilla 60
Hase 62

Vorwort

Ton ist ein wundervolles Material. Es lässt sich nach Belieben formen, verändern und gestalten, zu langlebigen Gebrauchs- und Dekorationsgegenständen verarbeiten und in Form und Farbe in jede Moderichtung einordnen.

Es gibt verschiedene Möglichkeiten, Ton zu bearbeiten:

Durch das Drehen auf einer Drehscheibe kann ein Klumpen Ton zu einem Objekt geformt werden, so wie es die „Profis" tun. Das Drehen ist eine schwierige Angelegenheit, für die man viel Übung und eine Drehscheibe benötigt.

Weiterhin kann man die Aufbautechnik benutzen, bei der man durch das Aufeinandersetzen von Tonwülsten oder -stegen eine Form schafft. Diese Technik ist wohl die älteste und im Hobbybereich am meisten benutzte.

Außerdem kann man die Plattentechnik anwenden, bei der man Tonplatten ausrollt, diese zurechtschneidet und in der gewünschten Art und Weise zusammensetzt.

Man kann auch massive Tonklumpen in eine Form bringen und diese dann aushöhlen. Man kann mit der Daumentechnik kleinere Gefäße durch den Druck des Daumens herstellen und und und ...

Wir möchten in diesem Buch eine Technik vorstellen, die man als einen Ableger der Plattentechnik bezeichnen kann: die Kugeltechnik. Diese Technik ermöglicht es, ohne Drehscheibe mit wenigen Mitteln dünnwandige, gleichmäßige Kugeln herzustellen, die man dann zum Beispiel zur Gestaltung von sogenannten „Kugeltieren" weiterverarbeiten kann.

Das Prinzip ist denkbar einfach: Man setzt zwei Halbkugeln zusammen. Durch das Klopfen mit einer Holzlatte verteilt sich die Luft in diesem Körper gleichmäßig und es entsteht nach und nach eine Kugel, die für alle Tiere in diesem Buch die Ausgangsform bildet. Je größer eine Kugel werden soll, desto schwieriger und langwieriger ist der Prozess von der Halbkugel zur Kugel.

Auch bei der Kugeltechnik gilt: Übung macht den Meister. Wenn Sie anfangs vielleicht einmal einen Misserfolg haben, sollten Sie sich deshalb nicht entmutigen lassen. Vor allem sollten Sie sich etwas Zeit lassen und mit Muße an die Sache herangehen. Dann klappt es bestimmt! Die Teilnehmer und Teilnehmerinnen unseres Töpferkurses haben alle Kugeltiere ausprobiert und waren durchweg stolz auf ihre schönen Arbeiten.

Und nun wünschen wir Ihnen viel Freude und Erfolg mit unseren Kugeltieren.

Susanne Michel und Rosemarie Buddenbohm

Material und Werkzeug

Wenn Sie unsere Kugeltiere nacharbeiten möchten, sollten Sie sich folgendes Material und Werkzeug bereitlegen:

◆ pro Tier ca. 1,5 kg handelsüblicher Ton (Aufbaumasse mit 25 % Schamotteanteil und einer Körnung von 0–0,5 mm)

◆ 2 Styroporhalbkugeln mit ca. 47 cm Umfang (im Bastelhandel erhältlich). Die Styroporhalbkugeln werden mit einem Strumpf überzogen, damit der Ton sich davon löst.

◆ 1 Teller oder Kreis von ca. 20 cm Durchmesser

◆ 1 Nudelholz aus Holz

◆ 1 Küchenmesser

◆ 1 Gabel

◆ 1 Löffel oder besser eine Modellierschlinge aus dem Töpfereibedarf

◆ 1 Stopfnadel oder Töpfernadel

◆ 1 Bandmaß oder Lineal

◆ 1 dickerer Strohhalm

◆ 1 Topf Schlicker (= mit Wasser aufgefüllter getrockneter Ton) in der jeweiligen Tonfarbe

◆ 1 ca. 5 cm breite Holzlatte oder Holzbratenwender

◆ Zeitungen zum Ausrollen

◆ 1 Kochlöffel

◆ sinnvoll ist auch ein Modellierholz

Arbeitsanleitung

❶ Rollen Sie den Ton auf der Zeitung zu einer nicht zu dünnen Platte (ca. 4 mm stark) aus. Dabei wird der Ton öfter gewendet und die Zeitung öfter ausgewechselt, damit sie nicht am Ton haftet.

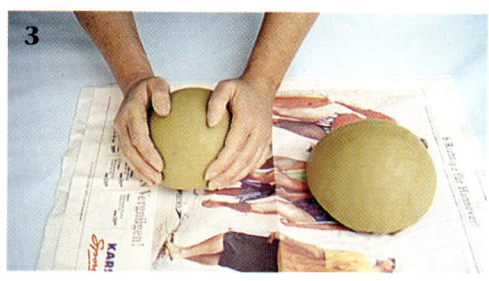

❷ Aus der Tonplatte schneiden Sie zwei Kreise von 20 cm Durchmesser aus (das ist in etwa die Größe eines Frühstückstellers).

❸ Die Tonkreise werden auf die Halbkugeln gelegt (47 cm Umfang) und dann fest angedrückt. Die Tonkreise sollten Sie nicht ziehen oder streichen, sondern langsam fest andrücken, um „Abnäher" zu vermeiden.

❹ Die Halbkugeln lassen Sie nun auf den Styroporhalbkugeln ca. 1 Stunde an einem warmen Ort oder draußen im Wind antrocknen, bis sie sich nicht mehr von selbst verformen. Mit einem Föhn oder noch besser mit einem Heißluftgerät können Sie den Trocknungsprozess beschleunigen.

❺ Nun entfernen Sie die Tonhalbkugeln von den Styroporkugeln, streichen die Ränder mit dem Messer gerade und versehen sie mit reichlich Schlicker.

❻ Die beiden Hälften werden aufeinander gesetzt. Mit der Gabel rauen Sie die Ränder auf und verbinden damit beide Tonhalbkugeln. Danach streichen Sie mit dem Messer die Ränder glatt, sodass die Kugel geschlossen ist.

❼ Mit der Holzlatte klopfen Sie nun vorsichtig und mit etwas Geduld auf die Naht und dann auf alle Seiten, bis eine schöne runde Kugel entstanden ist.

❽ Mit dem Messer wird die Kugel zwischendurch immer mal wieder geglättet. Wenn sie die gewünschte Rundung erreicht hat, streichen Sie nochmals alles schön glatt.

Falls sich dabei Risse an der Oberfläche zeigen, können Sie diese mit ein bisschen Ton oder Schlicker schließen. Selbst größere Dellen lassen sich so beseitigen. Kleinere Unebenheiten können Sie natürlich auch kaschieren, indem Sie sie als Standfläche benutzen. Oder Sie wählen eine solche Stelle, um darüber den Kopf oder Schwanz des Kugeltieres anzubringen.

Nicht vergessen: Unten in die Kugel muss mit einem dicken Strohhalm ein Loch gebohrt werden, damit die Luft, die sich beim Brennen ausdehnt, entweichen kann und die Kugel nicht platzt!

➒ Eine solche Kugel in der angegebenen Größe bildet die Ausgangsform aller Tierfiguren in diesem Buch. Die Kugeltiere werden bei 960° geschrüht, mit einer handelsüblichen Flüssigglasur nach Vorschrift glasiert und nochmals bei 1050° gebrannt.

Wenn Sie keinen Ofen besitzen, können Sie versuchen, Ihre Arbeiten in einem Geschäft für Töpfereibedarf, einer Töpferei oder bei Hobbytöpfern gegen Gebühr brennen zu lassen.

Hinweise

Bei den folgenden Arbeitsbeschreibungen finden Sie vielfach Zentimeterangaben und Zeichnungen. Diese dienen lediglich dazu, Ihnen die Größenordnungen deutlich zu machen. Die Formen und Maße sollten keineswegs mit mathematischer Exaktheit nachgearbeitet werden. Tiere bekommen oftmals dann einen unverwechselbaren und natürlichen Charakter, wenn sie ein bisschen schief, ein bisschen ungleichmäßig sind, eben wie die Natur. Die Kugeltiere, die in diesem Buch beschrieben werden, sind in vier Schwierigkeitsstufen eingeteilt:

   = leicht
   = leicht, aber ein bisschen aufwendiger
   = etwas schwieriger
   = schwierig, braucht etwas Ausdauer

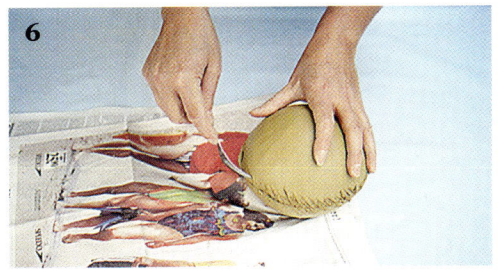

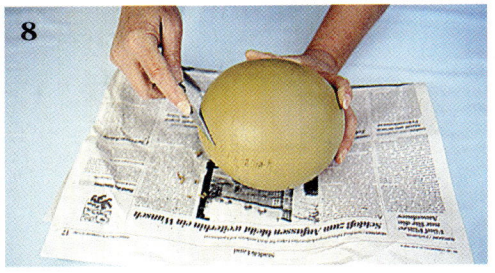

9

Tipps und Tricks

Bevor eine Kugel zu einem der beschriebenen Tiere geformt wird, sollten Sie noch einige Tipps beherzigen:

◆ Mit einem leicht feuchten Schwamm kann der Körper schön geglättet werden. Ecken und Kanten können gut mit einem Borstenpinsel mit Wasser versäubert werden.

◆ Lassen Sie die Kugel immer etwas antrocknen, sodass sie beim Weiterverarbeiten keine Dellen bekommt. Wenn Sie die Möglichkeit haben, bereiten Sie die Kugel an einem Tag vor, verpacken sie lose in eine Plastiktüte und arbeiten am nächsten Tag daran weiter.

◆ Wenn Sie ein Teil an die Kugel anmodellieren wollen, rauen Sie die Ansatzstellen auf, bestreichen sie mit Schlicker und drücken das Teil an. Wenn Sie es gut mit dem Körper verstreichen oder nur ein kleines Teil anbringen wollen, entfällt das Anrauen.

◆ Wenn Sie ein ausgehöhltes Teil anmodellieren wollen, sollten Sie die Kugel unter der Ansatzstelle unbedingt mit einem ausreichend großen Loch versehen. Beim Brennen dehnt sich nämlich die Luft durch die Wärme in dem Hohlraum aus. Diese entweicht dann durch das Loch in den Körper und schließlich wiederum durch das Loch, das Sie prinzipiell am Schluss unten in den Tierkörper bohren. Wenn Sie diese Löcher vergessen oder sie aus Versehen wieder schließen, kann kein Druckausgleich stattfinden und es kommt beim Brennen zu einer regelrechten Explosion. Dabei können auch andere Stücke in Mitleidenschaft gezogen werden.

◆ Arbeiten Sie nicht zu dünn, denn Ton ist, besonders nach der Trocknungsphase, sehr bruchempfindlich.

◆ Sollten Sie keine Möglichkeit haben, Ihr Stück in einem Arbeitsgang zu beenden, verpacken Sie es gut in eine Plastiktüte und arbeiten Sie innerhalb einer Woche daran weiter.

◆ Wenn die Augen aus schwarzem Ton geformt werden, sparen Sie sich Arbeit beim Glasieren. Pupillen bestehen häufig aus kleinen Kreisen. Diese formen Sie am besten, wenn Sie winzige Kugeln zwischen den Fingern drehen und sie flach drücken.

◆ Fast alle Tiere können gut als Spardose gearbeitet werden. Korken oder Schlösser sind im gut sortierten Bastelhandel erhältlich.

Tierfiguren

Vogel mit Federn

❶ Eine Kugel aus weißem Ton bildet für dieses einfache Kugeltier die Grundform. An einer nicht so schönen Stelle klopfen Sie eine Standfläche.

❷ Für den Schnabel formen Sie einen kleinen Tonkegel von ca. 2 cm Höhe und Bodendurchmesser. Diesen Tonkegel setzen Sie auf den Körper auf, indem Sie die Ansatzstellen etwas anrauen, einschlickern und ziemlich weit oben an der Kugel andrücken (Zeichnung 1). Wenn Sie den Schnabel aus rotem Ton herstellen, sparen Sie sich Arbeit beim Glasieren. Die Schnabelform kann natürlich nach Belieben variiert werden: in Länge und Dicke, nach oben und unten gebogen, weiter oben oder unten oder seitlich am Körper angesetzt. Besonders, wenn Sie mehrere Vögel herstellen möchten, können Sie allein durch die Schnabelform ganz verschiedene „Typen" kreieren.

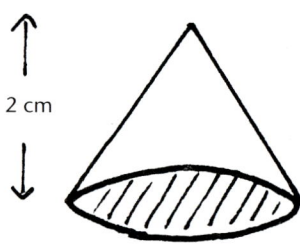

Zeichnung 1 Schnabel

❸ Für die Augen rollen Sie zwei kleine Tonkugeln zwischen den Fingern und drücken diese flach, sodass zwei Tonscheiben von ca. 2 cm Durchmesser entstehen. Auf diese setzen Sie zwei kleinere Tonscheiben, am besten aus schwarzem Ton. Je nachdem, wie Sie diese Pupillen anbringen, können Sie dem Vogel einen unterschiedlichen Charakter verleihen

(Zeichnung 2). Dann drücken Sie die Augen links und rechts oberhalb des Schnabels mit Schlicker an.

Zeichnung 2 Augen

❹ Schließlich bohren Sie mit einem dünnen Strohhalm drei bis vier Löcher in das Hinterteil des Vogels und eines über den Augen, um darin später die Federn (Marabufedern aus dem Bastelhandel oder selbst gesuchte) zu befestigen.

Glasur
Wir haben unseren Vogel mit einer schwarzen flüssigen Glanzglasur mit weißen Punkten versehen. Die Augen und der Schnabel bleiben unglasiert.
Beim Glasieren muss darauf geachtet werden, dass sich die Löcher für die Federn nicht mit Glasur zusetzen.

Marienkäfer

❶ Als Körper benutzen Sie eine unten abgeflachte Kugel aus dunklem Ton.

❷ Die Flügel werden aus ca. 28 cm langen Wülsten gebildet, die Sie gemäß der Zeichnung 1 auf den Körper legen und in Pfeilrichtung verstreichen.

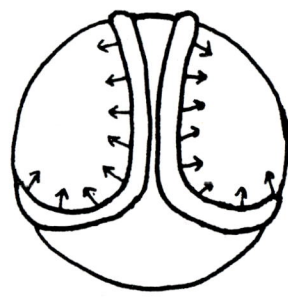

Zeichnung 1 Flügel

❸ Die Punkte drücken Sie, z. B. mit einer Filmdose, auf den Flügeln ein.

❹ Für die Augen werden zwei weiße Tonkreise von 1 cm Durchmesser geformt und angeschlickert. Auf die weißen Kreise kommen zwei kleinere Kreise aus schwarzem Ton als Pupillen. Diese bringen Sie am besten nur mit Wasser und mit sauberen Fingern an, damit der weiße Untergrund nicht verschmutzt. Zwei dünne Wülste werden halbkreisförmig als Lider über die Augen gelegt und nach oben verstrichen (Zeichnung 2).

❺ Der Mund wird aus zwei kleinen Wülsten von 1,5 cm Länge geformt, die spitz zulaufen. Die Wülste werden übereinander gelegt, der obere wird nach oben hin, der untere nach unten verstrichen (Zeichnung 2).

❻ Die Fühler sind zwei haselnussgroße Kugeln, in die mit einem Zahnstocher ein Loch gebohrt wird. In den Körper unterhalb der Flügel kommt ebenfalls je ein Loch. Die Fühler werden nach dem Brennen mit Draht, Zahnstochern oder Pfeifenputzern am Körper angeklebt.

Falls Sie einen Töpfereibedarf in der Nähe haben, können Sie sich auch dickeren Kanthaldraht besorgen, der mitgebrannt werden kann.

Glasur

Die Fühler und die Flügel des Marienkäfers haben wir, abgesehen von den Punkten, mit einer dunkelroten Flüssigglasur bemalt. Die Augen wurden mit einer farblosen Glanzglasur versehen, das Gesicht und die Punkte blieben unglasiert.

Zeichnung 2 Mund und Augen

Elefant

❶ Die vorgeformte Kugel wird auf der Unterseite etwas flach geklopft.

❷ 2 Ohren (Zeichnung 1) und ein Kopf mit Rüssel (Zeichnung 2) werden aus einem nicht zu dünn ausgerollten Stück Ton ausgeschnitten. Am besten schneiden Sie sich zwei Schablonen, die in etwa die angegebene Form und Größe haben.

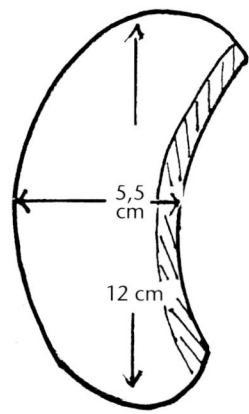

Zeichnung 1 Ohren

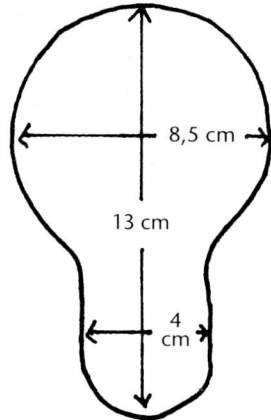

Zeichnung 2 Kopf

❸ Auf der Rückseite der Ohren wird ein ca. 1 cm breiter Streifen (schraffierte Fläche) mit Schlicker versehen und vorn an der vorgefertigten Kugel gut festgedrückt.

❹ Dann befestigen Sie den Kopf zwischen den Ohren sorgfältig mit Schlicker (der Kopf kann auf den Ohren aufliegen), biegen den Rüssel hoch und arbeiten drei Rillen in die Krümmung ein.

❺ Für die Augen drücken Sie mit einem Kochlöffelstiel Augenhöhlen ein, formen erbsengroße Kugeln (evtl. aus schwarzem Ton) und drücken diese in den Augenhöhlen mit Schlicker gut an.

❻ Für den Schwanz formen Sie eine ca. 6 cm lange, am Ende abgeflachte und eingekerbte dünne Rolle, die Sie am Körper feststreichen.

Glasur
Den Elefant haben wir mit einer steingrauen Flüssigglasur glasiert.

Fisch

❶ Eine schwarze Kugel mit einer leichten Standfläche bildet den Körper.

❷ Für die Flossen schneiden Sie aus ausgerolltem Ton eine „Haifischflosse" und eine „Schwanzflosse" zu (Zeichnung 1). Diese werden oben und hinten am Körper sorgfältig angebracht (anrauen, einschlickern, ansetzen, verstreichen). Die Ansatzstellen können eventuell mit kleinen Wülsten verstärkt werden. Danach schneiden Sie auf beliebige Art und Weise Schlitze oder Keile aus den Flossen heraus.

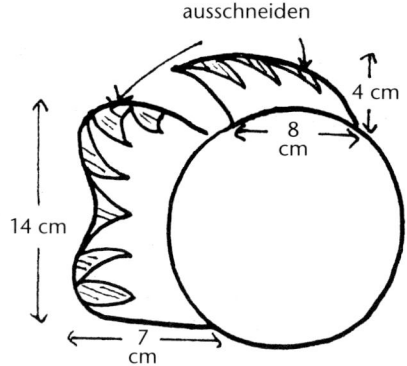

Zeichnung 1 Rücken und Schwanzflosse

Die Seitenflossen bestehen aus Dreiecken (ca. 7 cm hoch und 4 cm breit), die mehrmals bis zur Hälfte eingeschnitten (Zeichnung 2) und am Körper mit Schlicker angedrückt werden.

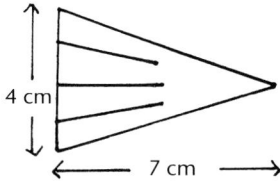

Zeichnung 2 Seitenflossen

❸ Für das Fischmaul formen Sie zwei an den Enden spitz zulaufende Wülste von 7 bzw. 4 cm Länge, die nach unten gebogen untereinander vorn am Körper mit Schlicker angedrückt werden (Zeichnung 3).

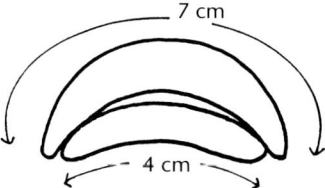

Zeichnung 3 Maul

❹ Für die Augen formen Sie zwei Scheiben aus weißem Ton von ca. 1,5 cm Durchmesser, auf denen Sie zwei kleinere Scheiben aus schwarzem Ton mit Wasser andrücken. Die Augen werden links und rechts oberhalb des Mauls mit Schlicker gut befestigt.

❺ Zwei kleine Dreiecke, die Sie mehrmals bis zur Hälfte einschneiden (siehe Zeichnung 2), können noch als weitere Flossen neben dem Maul befestigt werden.

Glasur

Wir haben den Fisch am Bauch mit einer rosabeigefarbenen Glasur versehen, die Seiten haben wir mit Avocadogrün und den Rücken mit Blaupak glasiert. Auf den Flossen wiederholen sich diese Farben. Der Mund wurde in Rot, die Augen in Schwarz und Weiß glasiert.

Fisch als Windlicht

❶ Der Fisch wird aus einer schwarzen Kugel hergestellt.

❷ Für die Schwanz-, die Rücken- und Seitenflossen rollen Sie schwarzen Ton ca. $^1/_2$ cm dick aus und schneiden die Flossen aus (Zeichnung 1).

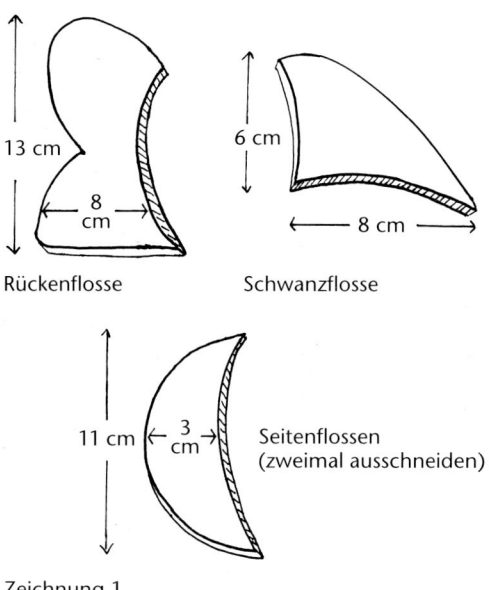

Rückenflosse Schwanzflosse

Seitenflossen (zweimal ausschneiden)

Zeichnung 1

❸ Die Flossen werden an den schraffierten Stellen gut eingeritzt, geschlickert, anschließend hinten, oben und seitlich angesetzt und etwas verstrichen.

❹ Der Mund wird rund ausgeschnitten und mit einem Tonwulst, der verstrichen wird, umrandet. Für den Ausschnitt können Sie z.B. einen Jogurtbecher als Maß benutzen.

❺ Für die Augen werden zwei erbsengroße Scheiben aus weißem Ton geformt. Als Pupillen formen Sie zwei kleinere schwarze Scheiben, die Sie mit Wasser (damit sich der weiße Ton nicht verfärbt) auf die weißen Tonkreise aufsetzen. Danach wird ein schwarzer dünner Tonwulst um das Auge gelegt und alles gut mit Schlicker seitlich des Mundausschnittes angebracht.

❻ Schließlich stechen Sie Kreise aus dem Körper aus. Dazu eignet sich ein Apfelausstecher besonders gut. Die Flossen können mit Kreisen oder Kerben verziert werden.

Tipp: Der Fisch kann in dieser Form als Windlicht oder als Behälter für ein Blütenpotpourrie verwendet werden. Auch eine Verwendung als Blumenampel wäre denkbar.

Glasur

Wir haben unseren Fisch mit einer beigefarbenen Flüssigglasur mit roten und blauen Sprenkeln glasiert. Die Augen wurden mit einer farblosen Glanzglasur versehen.

Frosch

❶ Der Frosch wird aus einer Kugel aus weißem Ton hergestellt.

❷ Für die Hinterbeine formen Sie zwei Wülste (besenstieldick) in einer Länge von je ca. 35 cm. Die Wülste müssen wie ein eng anliegendes „S" geformt werden, wobei das eine Ende ca. 3 cm überstehen sollte (Zeichnung 1). Dieses überstehende Ende wird mit dem Daumen flach gedrückt. Das Hinterbein bringen Sie sorgfältig an der Kugel an, d. h. einritzen, schlickern und an der abgeflachten Seite mit der Kugel verstreichen (Zeichnung 2). Das andere Bein bringen Sie auf der Rückseite gegengleich an, wobei die abgeflachten Teile aneinander stoßen sollten.

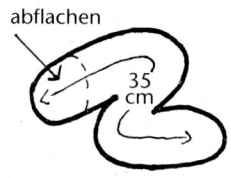
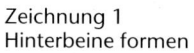
abflachen
35 cm
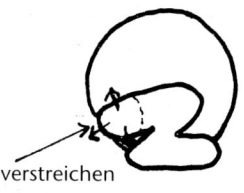
verstreichen

Zeichnung 1
Hinterbeine formen

Zeichnung 2
Hinterbeine anbringen

❸ Für die Füße drücken Sie das freie Ende der Beine mit dem Daumen kräftig nach unten flach. Dann schneiden Sie in diese flach gedrückten Enden zwei Dreiecke und setzen auf die entstehenden Spitzen erbsengroße Tonkugeln ordentlich auf, indem Sie sie schlickern und gut festdrücken (Zeichnung 3).

❹ Für die Vorderbeine werden ca. 8 cm lange besenstieldicke Wülste geformt, die wiederum an einer Seite etwas flach gedrückt und noch etwas gekrümmt werden. Die Vorderbeine setzen Sie mit dem flach gedrückten Ende direkt vor den Hinterbeinen an der Kugel an und verstreichen sie (Zeichnung 4). Die freien Enden der Vorderbeine werden wiederum mit dem Daumen abgeflacht, ansonsten arbeiten Sie wie bei den Hinterfüßen (Zeichnung 3).

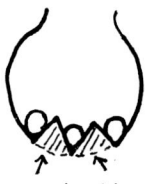

ausschneiden

Zeichnung 3 Füße   Zeichnung 4 Vorderbeine

❺ Für die Augen formen Sie eine Halbkugel in Form und Größe einer halben Walnuss, schneiden diese in der Mitte durch und drücken an den Schnittstellen (Zeichnung 5, schraffierte Fläche) mit dem Finger oder einem fingerdicken Gegenstand vorsichtig je eine Augenhöhle ein. Die Augen werden mit ausreichendem Abstand über den Vorderfüßen angebracht und mit zwei haselnussgroßen Kugeln (aus dunklem Ton) versehen.

Zeichnung 5 Augen

❻ Das Maul schneiden Sie unter den Augen halbmondförmig auf.

❼ Zum Schluss formen Sie zwei Tonwülste, die Sie (von den Augen bis zu der Ansatzstelle der Hinterbeine verlaufend) auf dem Rücken des Frosches befestigen.

Glasur

Der Frosch wurde mit einer grünen Flüssigglasur mit weißen Sprenkeln glasiert, die Augen haben wir mit schwarzer Glanzglasur versehen.

Huhn

❶ Eine Kugel aus weißem Ton bildet den Körper.

❷ Für den Kopf formen Sie eine mandarinengroße Halbkugel, höhlen diese von unten aus, bis sie ungefähr eine Wandstärke von ½ cm hat und biegen die Ränder etwas nach außen. Dort, wo der Kopf angesetzt werden soll, wird in die Kugel ein Loch gebohrt (damit die Luft aus dem Kopf entweichen kann). Danach wird der Kopf mit Schlicker aufgesetzt und die Ränder werden gut verstrichen, sodass man den Ansatz nicht mehr sieht.

❸ Aus rotem Ton formen Sie für den Kamm ein „Hörnchen" aus einem ca. 8 cm langen Wulst und drücken mit Daumen und Zeigefinger Wellen ein (Zeichnung 1). Der Kamm wird angesetzt, nachdem am Kopf und am Kamm die Ansatzstellen mit der Gabel angeraut und mit Schlicker eingepinselt wurden.

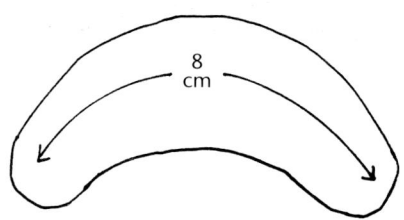

Zeichnung 1 Kamm

❹ Der Schnabel besteht aus einer kleinen Pyramide mit drei Seiten (Zeichnung 2). Die Pyramide setzen Sie mit der schraffierten Fläche dicht unter dem Kamm an. Zwei kleine Tropfen werden unter dem Schnabel mit Schlicker gut festgedrückt.

❺ Für die Augen werden mit einem Kochlöffelstiel Höhlen eingedrückt, zwei erbsengroße Kugeln geformt und mit Schlicker in den Augenhöhlen gut befestigt.

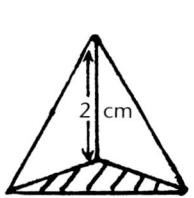 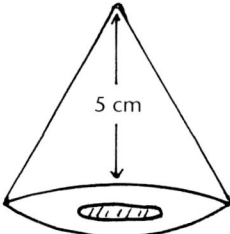

Zeichnung 2 Schnabel   Zeichnung 3 Schwanz

❻ Für den Schwanz formen Sie einen kurzen, dicken Kegel von ca. 5 cm Höhe (Zeichnung 3), höhlen diesen etwas aus und biegen die Ränder nach außen. In den Körper bohren Sie ein Loch, damit die Luft aus dem Hohlraum des Schwanzes entweichen kann. Dann setzen Sie den Schwanz mit Schlicker auf und verstreichen ihn.

❼ Schließlich werden noch zwei „Mondsicheln" ca. 12 cm lang und 2 cm dick (Zeichnung 4) ausgeschnitten, halbiert, je zwei Hälften übereinander an den Seiten als Flügel angeschlickert und in Richtung Brust verstrichen. Die Unterseite des Huhnes wird mit einem Loch versehen und mit der Holzlatte etwas flachgeklopft, damit es „brütet".

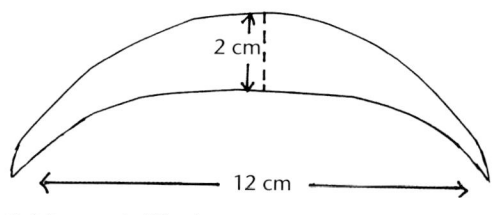

Zeichnung 4 Flügel

Glasur

Wir haben unser Huhn folgendermaßen glasiert: weiße Glasur mit blauen und grünen Punkten für den Körper, rote Glasur für Kamm und Kinnlappen, orangefarbene für den Schnabel, blaue und türkisfarbene für die Federn.

Igel

❶ Eine Kugel aus schwarzem Ton wird eiförmig geklopft. An der schmaleren Seite stechen Sie ein Loch in den Körper.
❷ Als Kopf formen Sie einen Kegel aus einem Halbkreis von ca. 12 cm Durchmesser (Zeichnung 1). Diesen setzen Sie auf das Loch am Körper auf und verstreichen ihn, sodass die Ansatzstelle nicht mehr zu sehen ist. Danach klopfen Sie unten eine kleine Standfläche.

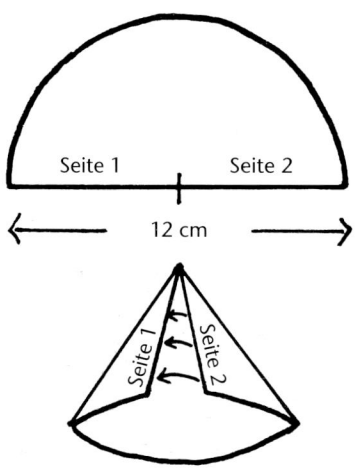

Zeichnung 1 Kopf

❸ Für das Gesicht zeichnen Sie ein Herz ein. Der Mund wird eingedrückt und eine kleine Kugel als Nase mit Schlicker sorgfältig aufgesetzt (Zeichnung 2).

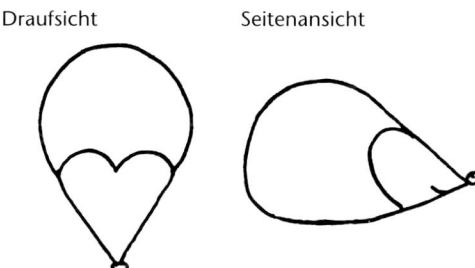

Zeichnung 2 Gesicht

❹ Für die Augen werden mit dem Daumen zwei Augenhöhlen leicht eingedrückt, in denen kleine Halbkugeln aus weißem Ton von ca. 1 cm Durchmesser mit Schlicker angebracht werden. Danach werden aus schwarzem Ton zwei kleine flache Kreise mit Wasser und sauberen Fingern aufgesetzt. Wer mag, kann noch ein Augenlid aufsetzen. Dazu wird eine kleine Tonrolle halbkreisförmig über das Auge gelegt und nach oben verstrichen.
❺ Mit der Gabel oder einer kleinen Drahtbürste rauen Sie den ganzen Igel, abgesehen vom Gesicht, gründlich auf.
❻ Schließlich wird eine erbsengroße Kugel etwas flachgedrückt und halbiert. Die Halbkreise werden als Ohren oben am Gesicht, direkt vor den Stacheln, angesetzt. Ein kleines Dreieck bildet das Schwänzchen.
❼ Wer möchte, kann noch Füße unter den Igel setzen.
Vergessen Sie das Loch nicht!

Glasur
Wir haben die Stacheln des Igels mit der Flüssigglasur „Eiche rustikal", Nase und Pupillen mit „Bronze" glasiert.

Katze

❶ Eine Kugel aus weißem Ton, die mit einer Standfläche versehen wurde, bildet den Körper.

❷ Für den Kopf formen Sie eine apfelsinengroße Kugel, die halbiert wird. Eine Halbkugel wird ausgehöhlt und ziemlich weit unten an der Kugelseite angebracht (Zeichnung 1). Zuvor bohren Sie ein Loch in den Körper, durch das die Luft aus dem Kopf in den Körper entweichen kann. Verstreichen Sie den Kopfansatz sorgfältig mit dem Körper, sodass ein fließender Übergang entsteht.

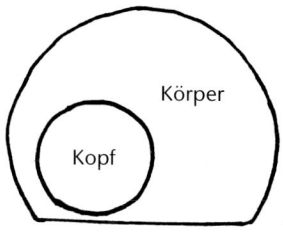

Zeichnung 1 Kopf

❸ Die Nase besteht aus einem kleinen Dreieck mit abgerundeten Ecken von ca. 1 cm Kantenlänge. Schlickern Sie die Nase vorn an der Halbkugel an. Unter der Nase befestigen Sie zwei Tonscheiben von 1,5 cm Durchmesser direkt nebeneinander. Auf diesen werden je drei dünne Wülste als Barthaare festgeschlickert (die Barthaare brechen leicht und sollten deshalb ziemlich kurz sein). Abschließend befestigen Sie den Unterkiefer direkt unter der Schnauze in Form einer linsengroßen Scheibe (Zeichnung 2).

❹ Die Ohren bestehen aus zwei Dreiecken von 2 cm Kantenlänge, die etwa 5 cm über der Nase links und rechts oben am Kopf angeschlickert und gut verstrichen werden.

Zeichnung 2 Schnauze

❺ Für die Augen drücken Sie mit dem Finger zwei leichte Dellen als Augenhöhlen zwischen Nase und Ohren ein. In diesen befestigen Sie mit Schlicker zwei mandelförmige flache Stücke Ton, in die Sie je eine schmale Pupille ritzen (Zeichnung 3).

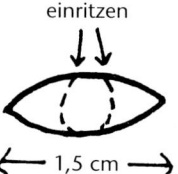

Zeichnung 3 Augen

❻ Ein ca. 23 cm langer Wulst von etwa 1,5 cm Durchmesser wird an einer Seite abgeflacht, angeraut, eingeschlickert und als Schwanz um den Körper gelegt. Die Schwanzspitze sollte einen kleinen Schwung bekommen.

Vergessen Sie das Loch unten nicht!

Glasur

Wir haben unsere Katze folgendermaßen glasiert: Die ganze Katze bis auf die Augen wurde mit einer mittelbraunen Flüssigglasur bemalt. Auf diese werden Streifen mit beigefarbener und dunkelbrauner Glasur aufgetragen. Diese beiden Glasuren sollten gut verlaufen. Die Augen wurden in Grün, die Pupillen in Schwarz glasiert.

Kohlmeise

❶ Eine Kugel aus weißem Ton bildet den Körper.

❷ Für den Kopf formen Sie eine mandarinengroße Kugel, schneiden davon etwa ein Drittel ab, höhlen dieses Drittel von unten bis zu einer Wandstärke von ungefähr $1/2$ cm aus (Zeichnung 1) und biegen die Ränder etwas nach außen.

Zeichnung 1 Kopf

❸ Dort, wo der Kopf angesetzt werden soll, wird in die vorgefertigte Kugel ein Loch gebohrt (damit die Luft aus dem Kopf entweichen kann). Danach wird der Kopf mit Schlicker aufgesetzt und die Ränder werden gut verstrichen, sodass man die Ansatzstelle nicht mehr sieht.

❹ Der Schwanz besteht aus einem kleinen dicken abgerundeten Kegel von ca. 2 cm Höhe (Zeichnung 2). Dieser wird am Körper mit Schlicker angebracht und gut verstrichen. Darüber legen Sie die Schwanzfeder, die aussieht wie ein lang gezogenes „U" von ca. 7 cm Länge und 3 cm Breite (Zeichnung 3). Die Schwanzfeder streichen Sie am geraden Ende gut am Körper fest.

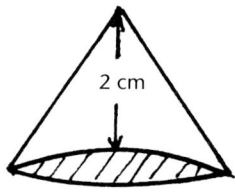

Zeichnung 2 Schwanz

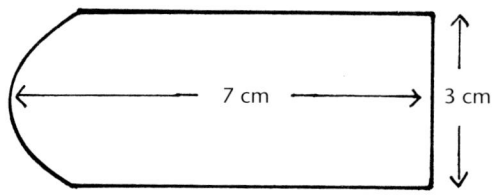

Zeichnung 3 Schwanzfeder

❺ Der Schnabel besteht aus einem dicken Kegel von etwa 2 cm Kantenlänge (Zeichnung 2, wie beim Schwanz). Der Schnabel wird mit Schlicker angebracht, verstrichen und zur Spitze hin etwas abgeflacht. Danach kann der Schnabel mit einem Messer eingeritzt oder ganz aufgeschnitten und ein bisschen aufgebogen werden.

❻ Für die Augen drücken Sie zwei Augenhöhlen, z. B. mit einem dünnen Kochlöffelstiel, ein und befestigen zwei kleine Tonkugeln mit Schlicker darin. Schließlich stechen Sie noch ein Loch unten in den Körper.

Glasur

Das Glasieren ist relativ aufwendig. Kopf, Brust und Schnabel: matte schwarze Flüssigglasur und ein Fleck Weiß unter den Augen.

Rücken und Schwanz: matte graue Flüssigglasur, über den Schwanzfedern noch ein paar Striche Blau und Schwarz.

Flügel: Phantasiemuster aus einer blauen, schwarzen und weißen Glasur.

Restlicher Körper: kanariengelbe Flüssigglasur.

Tipp: Bemalen Sie den Körper mit einer braunen Effektglasur, dann sparen Sie sich viel Arbeit mit dem Glasieren. Aus der Meise wird dann allerdings ein Spatz.

Schaf

❶ Eine schöne runde Kugel aus weißem Ton bildet den Körper.

❷ Für den Kopf formen Sie aus dunklem Ton ein Ei (in der Größe eines Hühnereies) und höhlen dieses von unten her etwas aus (Zeichnung 1). Die Spitze vom Ei bildet die Schnauze.

Zeichnung 1 Kopf

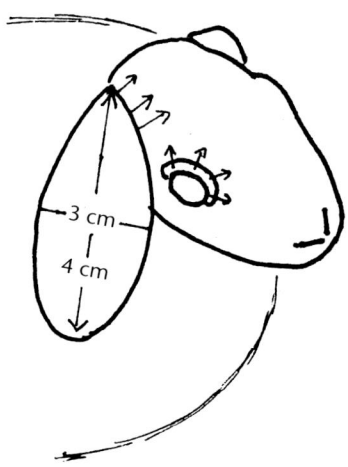

Zeichnung 2 Gesicht

❸ Nachdem Sie mit der Holzlatte eine Standfläche unter den Körper geklopft haben, setzen Sie den Kopf ziemlich weit oben auf. Zuvor haben Sie die Ansatzstellen angeraut, eingeschlickert und ein Loch in den Körper gebohrt, durch das die Luft aus dem Kopf beim Brennen entweichen kann.

❹ Aus einem ausgerollten Stück dunklem Ton schneiden Sie zwei Tropfen aus, ca. 4 cm lang und 2,5 cm breit. Diese setzen Sie links und rechts oben auf dem Kopf mit den Spitzen an und verstreichen alles gut (Zeichnung 2).

❺ Für die Augen drücken Sie mit einem kleinen Kochlöffelstiel zwei Augenhöhlen ein, formen zwei kleine Kugeln und bringen diese mit Schlicker in den Augenhöhlen an. Zwei ganz kleine Wülste werden geformt, halbkreisförmig über die Augen gelegt und Richtung Stirn verstrichen (Zeichnung 2).

❻ Mit dem Stiel einer Gabel drücken Sie vorn am Kopf zwei Nasenlöcher in Form eines V ein (Zeichnung 2).

❼ Das Schwänzchen ist ein dicker Wulst von ca. 2 cm Länge, der hinten am Körper angebracht wird.

❽ Das Fell wird hergestellt, indem Sie weißen, breiartigen Schlicker mit einem dicken Pinsel auf den Körper und besonders dick auf den Kopf auftupfen. Die Ohren und das Gesicht bleiben frei.

Glasur

Wir haben unser Schaf mit einer weißen, aufschäumenden Glasur versehen, die Augen mit einer schwarzen Glanzglasur. Ohren und Gesicht bleiben unglasiert.

Eisbär

❶ Der Eisbärenkörper wird aus einer unten und vorn abgeflachten weißen Kugel gebildet (Zeichnung 1).

❷ Für den Kopf formen Sie einen „Bienenkorb" von ca. 6 cm Höhe und 7 cm Durchmesser. Dieser wird bis auf eine Wandstärke von etwa 1 cm ausgehöhlt, etwas angeschrägt (Zeichnung 2), vorn an den Körper angesetzt und verstrichen, sodass der Kopf ein bisschen nach oben schaut. Zuvor muss ein Loch in den Körper gebohrt werden, damit die Luft beim Brennen aus dem Kopf entweichen kann.

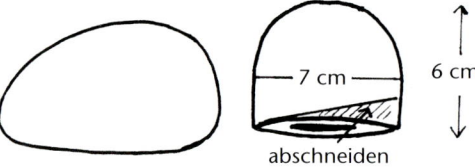

Zeichnung 1 Körper   Zeichnung 2 Kopf

❸ Für die Schnauze benötigen Sie einen kleinen „Bienenkorb", der etwa 1,5 cm hoch und dick sein sollte. Dieser wird mit Schlicker am Kopf befestigt. Am oberen Schnauzenende wird eine kleine Kugel als Nase aufgesetzt und ein Mund eingeritzt (Zeichnung 3).

Zeichnung 3 Schnauze

❹ Oberhalb der Schnauze werden, z. B. mit einem dicken Pinselstiel, zwei kleine Augenhöhlen eingedrückt, in denen Sie zwei kleine Kugeln (wenn vorhanden aus dunklem Ton) mit Schlicker befestigen.

❺ Die Ohren werden über den Augen am Ende der Stirn aus zwei kleinen abgeflachten Halbkugeln gebildet. Mit einem stumpfen Gegenstand, z. B. einem Pinselstiel, werden kleine Vertiefungen in die Ohren gedrückt.

❻ Für die Hinterbeine formen Sie einen ca. 9 cm langen und 4 cm dicken Wulst, den Sie in der Mitte schräg durchschneiden (Zeichnung 4). Die angeschrägten Enden befestigen Sie links und rechts unter dem Hinterteil durch Schlickern und Verstreichen. Für die Füße formen Sie eine Kugel von ca. 3,5 cm Durchmesser, die Sie halbieren, in der beschriebenen Weise an den Beinen befestigen und verstreichen (Zeichnung 5).

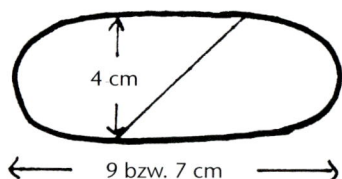

Zeichnung 4 Hinter- und Vorderbeine

Zeichnung 5 Hinterfüße

❼ Die Vorderfüße werden aus einem etwa 7 cm langen und 4 cm dicken Wulst geformt, der wiederum schräg durchgeteilt wird (Zeichnung 4). Befestigen Sie die Vorderbeine sorgfältig links und rechts vom Kopf mit der angeschrägten Seite unter dem Körper und kerben Sie jeden Fuß zweimal ein.

8 Schließlich setzen Sie zwischen den Hinterbeinen ein kleines Schwänzchen in Form eines Dreiecks an. Das Loch nicht vergessen!

Glasur

Wir haben den Eisbär mit einer weißen, seidenmatten Flüssigglasur bemalt. Für die Augen und die Nase wurde eine schwarze Glanzglasur verwendet.

Ente

❶ Eine weiße Kugel bildet den Körper.
❷ Für den Kopf formen Sie eine apfelsinengroße Kugel, schneiden ein Drittel davon ab und höhlen dieses von der flachen Seite her bis zu einer Wandstärke von ca. ½ cm aus.
❸ Für den Schnabel schneiden Sie zwei „Torbogen" aus einer Tonplatte aus, ca. 5 cm hoch und 4 cm breit (Zeichnung 1). Beide Teile werden etwas gewölbt an den Kopf mit Schlicker angesetzt und verstrichen (Zeichnung 2). Diese abgeflachte, mit dem Schnabel versehene Kugel wird auf den Körper aufgesetzt, nachdem Sie ein Luftloch in den Körper gestochen haben, damit der Kopf nicht abplatzt. Alles muss eventuell mit einem dünnen Wulst verstärkt und gut verstrichen werden.

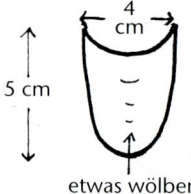

Zeichnung 1 Schnabel

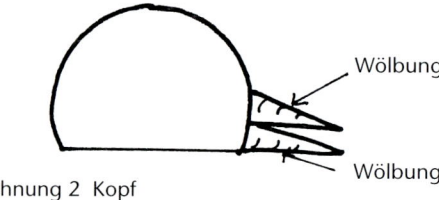

Zeichnung 2 Kopf

❹ Für die Augen versehen Sie zwei kleine weiße Tonscheiben (ca. 1 cm Durchmesser) mit Pupillen aus dunklem Ton (nur mit Wasser und mit sauberen Fingern) und bringen diese mit Schlicker sorgfältig am Kopf an. Je nachdem, wie Sie die Pupillen auf die weißen Tonscheiben setzen, erhält das Tier einen unterschiedlichen Charakter. Einfach ausprobieren!

❺ Für den Schwanz schneiden Sie einen Halbkreis aus einem Stück ausgerolltem Ton aus und setzen diesen zu einem Kegel zusammen (Zeichnung 3). Der Kegel wird hinten am Körper befestigt. Unter dem Schwanz muss ein Loch sein, damit die Luft beim Brennen entweichen kann.

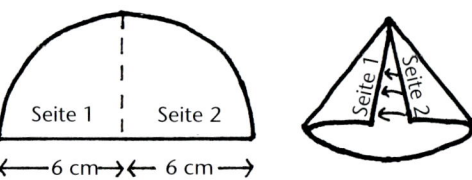

Zeichnung 3 Schwanz

❻ Für die Flügel schneiden Sie zwei Tropfen, ca. 11 cm lang und 7 cm breit, aus einem ausgerollten Stück Ton aus (Zeichnung 4) und befestigen diese mit Schlicker an den Körperseiten.
❼ Für die Füße werden ebenfalls 2 Tropfen (ca. 4 cm breit und 5 cm lang) ausgeschnitten und zweimal mit einem stumpfen Gegenstand eingekerbt (Zeichnung 5). Die Füße befestigen Sie mit Schlicker unter dem Körper und verstreichen sie gut.

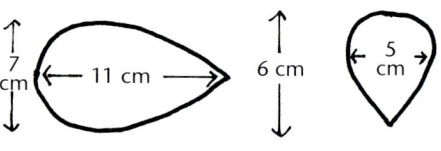

Zeichnung 4 Flügel   Zeichnung 5 Füße

❽ Bohren Sie unten ein Loch in den Körper, damit die Luft beim Brennen entweichen kann.

Glasur

Wir haben die Ente mit folgenden Flüssigglasuren glasiert: den Kopf mit Kupfergrün, den Rücken mit Stahlblau, den Bauch mit Eiche rustikal, das Hinterteil ebenfalls mit Kupfergrün, die Flügel mit Dunkelbraun, Schnabel und Füße mit Gelbbraun.

Eule

❶ Eine Kugel aus weißem Ton wird unten etwas flach geklopft.

❷ Die Eule lässt sich gut als Schmuck auf einen Pfeiler oder Zaunpfahl aufsetzen. Dazu befestigen Sie auf der Standfläche einen Ring, der aus einem exakt geschnittenen Tonstreifen von ca. 20 cm bis 30 cm Länge (je nach Dicke des Pfeilers – ausprobieren!) und mindestens 3 cm Höhe geformt wird. Der Rand des Ringes wird mit Schlicker versehen, angesetzt und gut am Körper verstrichen. Etwas oberhalb der Ansatzstelle legen Sie nun einen Wulst um den Körper und verstreichen diesen nach oben (Zeichnung 1). Damit sich der Ring beim Weiterarbeiten nicht verformt, setzen Sie den Körper mit dem Rand nach unten in ein dickwandiges Gefäß, z. B. in ein Einweckglas, dessen Rand abgepolstert werden sollte (z. B. mit Küchenkrepp).

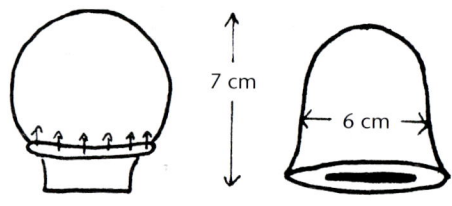

Zeichnung 1 Körper   Zeichnung 2 Kopf

❸ Als Kopf benutzen Sie ein Stück Ton in Form einer Glocke (ca. 7 cm hoch), höhlen dieses von unten her aus (Wandstärke ca. 0,5 bis 1 cm, Zeichnung 2), versehen die Kugel oben mit einem Loch, setzen die Glocke mit Schlicker auf und verstreichen alles gut.

❹ Für die Augen drücken Sie mit einem Kochlöffelstiel zwei tiefe Höhlen in der Mitte des Kopfes mit einem Abstand von gut 1 cm ein. In diese Höhlen setzen Sie

zwei Kugeln, auf denen zwei Scheiben aus schwarzem Ton als Pupillen befestigt werden. Die Kugeln dürfen nicht zu groß sein, sondern sollten in den Augenhöhlen verschwinden. Dann legen Sie kleine Tonwülste halbkreisförmig über die Augen und verstreichen diese nach oben. Je ein dickerer Tonwulst wird links und rechts der Augen angebracht und kräftig aufgeraut (Zeichnung 3).

Zeichnung 3 Augen

❺ Der Schnabel besteht aus einem Tropfen, der in der Mitte längs durchgeteilt wird. Die Schnittfläche wird eingeschlickert und der Schnabel mit der runden Seite nach oben zwischen den Augen angedrückt.

❻ Für die „Ohren" formen Sie aus ausgerolltem Ton zwei spitze Dreiecke von ca. 3 cm Höhe. Danach schneiden Sie diese schräg an und setzen die „Ohren" mit etwas Abstand so oben am Kopf an, dass die Spitzen nach außen zeigen.

❼ Für die Flügel formen Sie zwei Tonwülste von ca. 25 cm Länge, setzen diese links und rechts u-förmig am Körper auf und verstreichen die Wülste ins Innere des U (Zeichnung 4). In die Flügel kann noch ein beliebiges Federmuster eingedrückt oder eingeritzt werden. Eventuell muss die Eule zum Anbringen der Flügel aus dem stützenden Gefäß herausgenommen werden.

❽ Der Schwanz besteht aus einem Rechteck von 5 x 8 cm, das hinten unten am Körper befestigt wird (Zeichnung 5).

❾ Für die Füße formen Sie vier kurze Tonwülste, die Sie kurz über dem Ring mit Schlicker aufsetzen. Die Wülste drücken Sie mit Daumen und Zeigefin-

ger flach, sodass sie wie Krallen ausse-hen. Vergessen Sie nicht, unten ein Loch in den Körper zu bohren!

Glasur

Wir haben die Eule folgendermaßen gla-siert: Kopf und Rücken in einer gelb-braunen Effektglasur, Flügel, Füße und Schnabel in einer kastanienbraunen Glasur, Brust und Augenfedern in einer beigefarbenen gepunkteten Mattglasur, den Ring und einige Striche auf den Flü-geln mit einer dunkelblauen Effektgla-sur, die Augen mit einer honiggelben Transparentglasur.

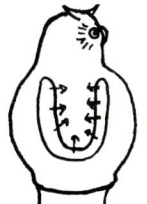

Zeichnung 4 Flügel

Zeichnung 5 Schwanz

Eule als Windlicht

❶ Aus einer schwarzen, etwas angetrockneten Tonkugel, die auch oval sein darf, wird die Eule hergestellt.

❷ Für die Flügel werden zwei dünne Tonwülste halbkreisförmig auf die Kugel gesetzt und nach außen hin verstrichen (Zeichnung 1).

❸ Der Schnabel, bestehend aus einem in der Mitte senkrecht durchgeschnittenen Tropfen (Zeichnung 2), wird im oberen Drittel zwischen den Flügeln auf der Kugel angesetzt, nachdem die Ansatzstellen eingeritzt und geschlickert wurden. Wir haben den Schnabel aus rotem Ton hergestellt.

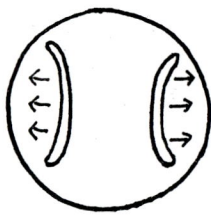 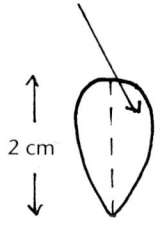

Zeichnung 1 Flügel   Zeichnung 2 Schnabel

❹ Für die Augen werden zunächst zwei Tonscheiben aus weißem Ton (3 cm Durchmesser), z. B. mit Hilfe einer Filmdose, ausgeschnitten und mit je 4 Kerben versehen (Zeichnung 3). Aus rotem Ton werden zwei ca. 2 cm große Scheiben geformt und mit Wasser auf den weißen Untergrund aufgesetzt. Zum Schluss kommen noch zwei schwarze kleine Scheiben in die Mitte des roten Tons. Dann werden die Augen oberhalb des Schnabels sorgfältig angesetzt.

❺ Danach machen Sie in die Brust mehrere Schnitte in V-Form und biegen die Spitzen nach oben. Das erfordert etwas Geschick und gutes Werkzeug. Am

besten eignet sich ein Skalpell. Die Brust und den Rücken rauen Sie mit einer Gabel auf.

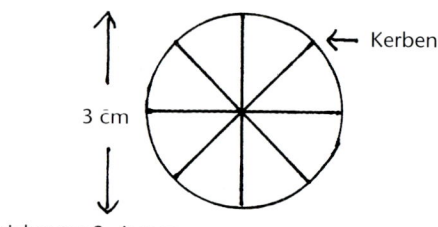

Zeichnung 3 Augen

❻ Die Flügel erhalten Schnitte in U-Form. Das Ausschneiden erfordert wieder Geschick und am besten ein skalpellartiges Messer.

Tipp: Mit einem nassen feinen Borstenpinsel können die Schnittstellen gut versäubert werden.

❼ Am Rücken erhält die Eule einen kreisrunden Ausschnitt, groß genug für ein Teelicht, wobei Sie einen Jogurtbecher als Form verwenden können.

❽ Die „Ohren" bestehen aus zwei ca. 4 cm langen Tonwülsten, die an der einen Seite mit dem Daumen flach gedrückt und mit Kerben versehen werden. Die andere Seite wird angeschrägt (Zeichnung 4). Die Ohren setzen Sie mit Schlicker über den Augen an und verstreichen sie.

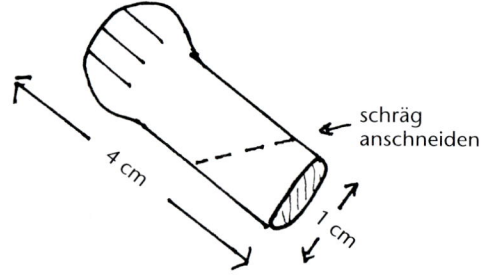

Zeichnung 4 „Ohren"

❾ Für die Füße formen Sie je zwei kleine Kegel aus rotem Ton, biegen die Spitzen nach unten, schrägen die anderen
Enden an, damit sie sich der runden
Körperform besser anpassen, und setzen
sie unten am Bauch sorgfältig an.

Tipp: Die Eule kann auch als Dufttier
benutzt werden, indem Sie sie mit etwas
Watte füllen, die mit einem Duftöl ge-
tränkt wurde.

Glasur

Die Augen und der Schnabel der Eule
wurden mit einer transparenten Flüssigglasur überzogen.

41

Hahn

❶ Eine Kugel aus weißem Ton bildet den Körper.

❷ Für den Kopf formen Sie einen „Bienenkorb" von ca. 7 cm Höhe und 6 cm Durchmesser, höhlen diesen von unten aus, bis er ungefähr eine Wandstärke von 1 cm hat, und biegen die Ränder etwas nach außen (Zeichnung 1). Dort, wo der Kopf angesetzt werden soll, wird in die vorgefertigte Kugel ein Loch gebohrt, damit beim Brennen die Luft aus dem Kopf entweichen kann. Danach wird der Kopf mit Schlicker aufgesetzt und die Ränder werden mit kräftigem Druck des Zeigefingers in Richtung Körper grob verstrichen, sodass der Eindruck eines Federkragens entsteht.

❸ Aus rotem Ton formen Sie einen großen Kamm und drücken mit Daumen und Zeigefinger Wellen ein (Zeichnung 2). Der Kamm wird sorgfältig angesetzt, nachdem am Kopf und am Kamm die Ansatzstellen mit der Gabel angeraut und mit Schlicker eingepinselt wurden.

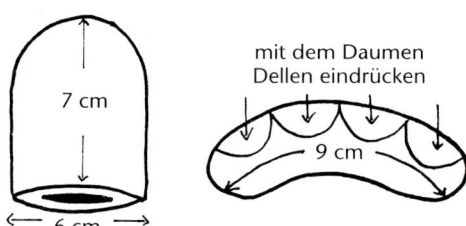

Zeichnung 1 Kopf   Zeichnung 2 Kamm

❹ Der Schnabel besteht aus einer kleinen Pyramide mit 3 Seiten. Die Pyramide setzen Sie mit der schraffierten Fläche dicht unter dem Kamm an (Zeichnung 3). Zwei ca. 2 cm lange Tropfen werden flach gedrückt und links und rechts un-

ter dem Schnabel mit Schlicker gut festgedrückt.

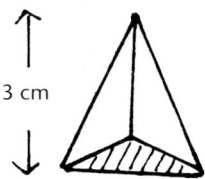

Zeichnung 3 Schnabel

❺ Für die Augen werden mit einem Kochlöffelstiel Höhlen eingedrückt, zwei kleine Kugeln geformt und mit Schlicker in den Augenhöhlen gut befestigt. Wenn die Augen aus schwarzem Ton geformt werden, sparen Sie sich Arbeit beim Glasieren.

❻ Für den Schwanz formen Sie zunächst einen kurzen dicken Kegel (ca. 5 cm hoch und 5 cm dick), höhlen diesen etwas aus und biegen die Ränder nach außen. In den Körper bohren Sie ein Loch, damit die Luft aus dem Hohlraum des Schwanzes entweichen kann. Dann setzen Sie den Schwanz mit Schlicker auf und verstreichen ihn, damit man die Ansatzstellen nicht mehr sieht. Dieser Kegel bietet eine Stütze für die Schwanzfedern, die ansonsten sehr leicht abbrechen würden.

❼ Die Schwanzfedern formen Sie aus ausgerolltem Ton, aus dem Sie vier bis fünf „Mondsicheln" in verschiedenen Größen ausschneiden. Diese werden schräg halbiert (Zeichnung 4), „anprobiert", auf der Innenseite geschlickert, auf und neben dem Kegel in verschiedenen Höhen angedrückt und am Körper verstrichen. Aus Sicherheitsgründen empfiehlt es sich, die Schwanzfedern an den Enden aneinander zu befestigen.

![Keramik-Hahn mit weißer Glasur und farbigem Schwanzgefieder auf einem Holzbalken]

8 Schließlich werden noch zwei kleinere „Mondsicheln" ausgeschnitten, halbiert, je zwei Hälften übereinander an den Seiten als Flügel angeschlickert und Richtung Brust verstrichen (Zeichnung 5). Die Unterseite des Hahns wird mit einem Loch versehen.

Glasur

Wir haben unseren Hahn mit einer weißen Glasur mit blauen und grünen Punkten versehen. Außerdem haben wir noch eine rote Glasur für Kamm, Kinnlappen und zwei Schwanzfedern, eine orangefarbene für den Schnabel und eine blaue und eine türkisfarbene für die restlichen Schwanzfedern verwendet.

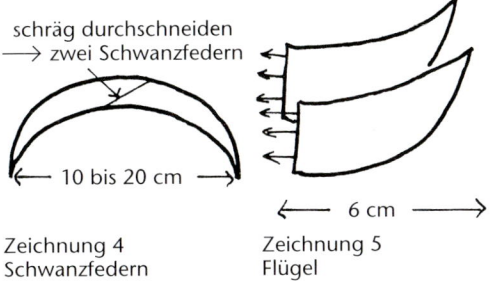

schräg durchschneiden
⟶ zwei Schwanzfedern

← 10 bis 20 cm →

← 6 cm →

Zeichnung 4
Schwanzfedern

Zeichnung 5
Flügel

Liegender Bär

❶ Eine weiße Tonkugel wird so geklopft, dass sie Eiform annimmt. Die eine Seite wird nun zu einer Fläche geklopft. Die dickere Seite vom Ei bildet das Hinterteil, an der Spitze wird der Kopf angesetzt.

❷ Für den Kopf formen Sie einen „Bienenkorb", ca. 6 cm hoch und 5,5 cm breit, der nach unten hin etwas schmaler wird (Zeichnung 1). Dann höhlen Sie den Kopf etwas aus und setzen ihn an der spitzen Seite der Eiform an, indem Sie ihn an den Rändern mit Schlicker versehen und verstreichen. Zuvor bohren Sie ein Loch in den Körper, damit die Luft beim Brennen aus dem Kopf entweichen kann. Der Kopf liegt auf der Arbeitsunterlage auf.

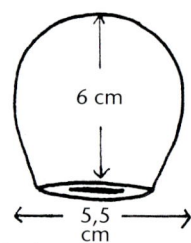

Zeichnung 1 Kopf

❸ Die Schnauze besteht aus einer Halbkugel von ca. 3,5 cm Durchmesser. Diese Halbkugel wird an der flachen Stelle angeraut, eingeschlickert und so an den Kopf angesetzt, dass sie ebenfalls auf der Arbeitsunterlage aufliegt (Zeichnung 2).

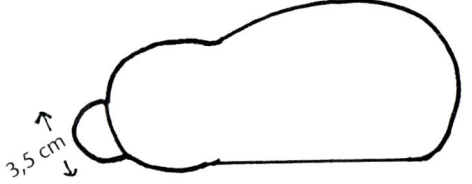

Zeichnung 2 Schnauze

Die Nase in Form einer kleinen dicken ovalen Scheibe setzen Sie oben an der Schnauze mit Schlicker an. Der Mund des Bären wird mit einer Nadel eingezeichnet (Zeichnung 3).

Zeichnung 3 Nase, Mund, Augen und Ohren

❹ Für die Augen drücken Sie dicht über der Schnauze zwei Augenhöhlen ein, z.B. mit einem Borstenpinselstiel oder einem dünnen Kochlöffelstiel, formen zwei kleine Kugeln und bringen diese mit Schlicker in den Augenhöhlen an.

❺ Für die Ohren formen Sie eine nussgroße Kugel und drücken eine Vertiefung hinein, z.B. mit einem dickeren Kochlöffelstiel. Dann teilen Sie die Kugel in der Mitte, setzen je ein Teil links und rechts über der Stirn mit Schlicker an und verstreichen die Ohren auf der Seite, die zum Körper zeigt.

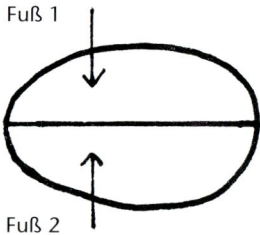

Zeichnung 4 Füße

6 Für die Füße formen Sie zwei „Taubeneier" und teilen diese längs durch. Mit der flachen Seite nach unten setzen Sie die Füße so an, dass sie sich an den Körper bzw. den Kopf anschmiegen. Die Füße verstreichen Sie gut unter dem Körper und versehen sie mit je zwei Kerben.

7 Ein ca. 2 cm langer Wulst wird am Hinterteil Richtung Rücken als Schwänzchen angebracht. Am Schluss das Loch nicht vergessen!

Glasur

Wir haben unseren Bären mit einer beigefarbenen, flüssigen Effektglasur versehen. Die Schnauze wurde beige, die Augen und die Nase wurden schwarz glänzend glasiert.

45

Maulwurf

❶ Eine Kugel aus dunklem Ton wird etwas eiförmig und dann an der runderen Seite zu einer Standfläche flach geklopft.

❷ Als Kopf benutzen Sie ein Stück Ton in Form einer Glocke (ca. 8 cm hoch), höhlen diese von unten her aus (Wandstärke ca. 0,5 cm, Zeichnung 1), versehen den Körper oben mit einem Loch, setzen die Glocke mit Schlicker auf und verstreichen alles gut.

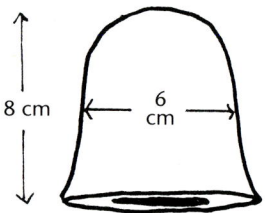

Zeichnung 1 Kopf

❸ Für die Nase schneiden Sie aus einem ausgerollten Stück Ton einen Kreis von ca. 12 cm Durchmesser aus. Diesen teilen Sie in drei etwa gleich große „Tortenstücke". Ein „Tortenstück" formen Sie zu einer Tüte (Zeichnung 2), die Sie unten etwas anschrägen. Je stärker Sie anschrägen, desto mehr ist die Nase schließlich nach oben gerichtet (Zeichnung 3). Dann setzen Sie die Nase seitlich an den Kopf an, nachdem Sie zuvor ein Entlüftungsloch gebohrt haben.

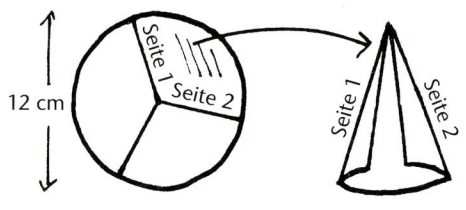

Zeichnung 2 Schnauze

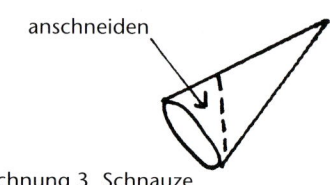

Zeichnung 3 Schnauze

❹ Für die Augen drücken Sie mit einem dünnen Kochlöffelstiel direkt über der Schnauze zwei Höhlen im Abstand von ca. 3 cm ein. Zwei kleine Kugeln werden geformt und in den Höhlen mit Schlicker befestigt. Zwei kleine Tonwülste werden halbkreisförmig als Augenlider über die Kugeln gelegt und vorsichtig in Richtung Stirn verstrichen (Zeichnung 4).

❺ Ein kleines Dreieck von ca. 1 cm Kantenlänge wird unter der Nase zum Kopf hin verstrichen und bildet die Unterlippe. Verlängert man die Kerbe zwischen Unterlippe und Nase ein wenig nach links und rechts oben, lässt man den Maulwurf lachen (Zeichnung 4).

Zeichnung 4 Augen und Unterlippe

❻ Für Füße und Hände schneiden Sie sich der Skizze entsprechend eine Papierschablone (Zeichnung 5). Aus rotem, nicht zu dünn ausgerolltem Ton schneiden Sie diese Form viermal aus und bringen sie links und rechts unter dem Kopf und unter dem Körper an. Dafür müssen Füße und Hände angeritzt und mit reichlich dunklem Schlicker gut festgedrückt werden.

[Photograph of a ceramic mole figure in grass]

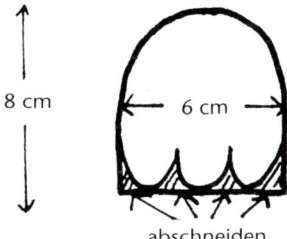

8 cm   6 cm

abschneiden

Zeichnung 5 Hände und Füße

Glasur

Wir haben lediglich die Nasenspitze und die Augen mit einer farblosen Glanz-glasur versehen. Ansonsten bleibt der Maulwurf unglasiert. Die Brenntempera-tur kann ruhig 1090° betragen. Dadurch wird der Ton schön dunkel und erhält einen hübschen Eigenglanz.

❼ Eine kleine rote Tonkugel bildet die Nasenspitze.

Maus

❶ Eine schöne runde Kugel aus weißem Ton bildet den Körper.

❷ Für den Kopf schneiden Sie aus ausgerolltem Ton einen Halbkreis von ca. 19 cm Durchmesser (etwa ½ Frühstücksteller) aus, den Sie zu einer „Tüte" formen (Zeichnung 1). Die Spitze der „Tüte" bildet die Schnauze.

❺ Für den Unterkiefer schneiden Sie ein kleines Dreieck aus (ca. 3 cm Kantenlänge) und streichen dieses etwa 3 cm unterhalb der Nasenspitze in Richtung Körper fest. Die freie Ecke des Unterkiefers biegen Sie etwas auf (Zeichnung 3). Zwei kleine Wülste werden als Mäusezähne am Oberkiefer angebracht.

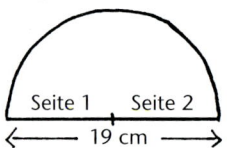 

Zeichnung 1 Kopf

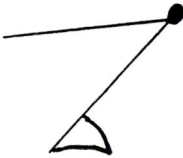

Zeichnung 3 Unterkiefer

❸ Nachdem Sie mit der Holzlatte eine Standfläche unter den Körper geklopft haben, setzen Sie die „Tüte" mit der Öffnung am Körper an. Zuvor werden die Ansatzstellen angeraut und eingeschlickert und ein Loch wird in den Körper gebohrt, durch das die Luft beim Brennen aus dem Kopf entweichen kann. Dann verstreichen Sie alles gut, sodass die Ansatzstellen nicht mehr zu sehen sind. Auf die Spitze setzen Sie eine erbsengroße Tonkugel als Nase.

❹ Die Ohren bestehen aus zwei „Torbogen" (ca. 4 cm hoch und 5,5 cm breit, Zeichnung 2), die Sie dort, wo der Kopf an den Körper angesetzt wurde, anschlickern und in Richtung Schnauze verstreichen.

❻ Für die Augen drücken Sie mit einem dünnen Kochlöffelstiel zwischen Nasenspitze und Ohren zwei Augenhöhlen ein, formen zwei kleine Kugeln und bringen diese mit Schlicker in den Augenhöhlen an. Zwei ganz kleine Wülste werden geformt, halbkreisförmig über die Augen gelegt und Richtung Stirn verstrichen.

❼ Die Füße bestehen aus einem ca. 7 cm langen Wulst, der in der Mitte schräg geteilt wird (Zeichnung 4). An den Schnittstellen werden die Füße mit Schlicker unter dem Körper befestigt, verstrichen und mit je zwei kleinen Kerben versehen.

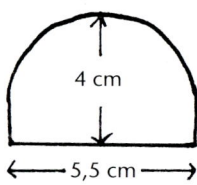

Zeichnung 2 Ohren

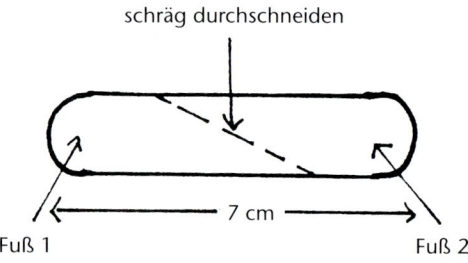

Zeichnung 4 Füße

❽ Der Schwanz besteht aus einem 20 cm langen dünnen Wulst, den Sie in einem beliebigen Bogen am Körper festschlickern.

Nicht vergessen: Auf der Unterseite ein Luftloch bohren!

Glasur

Den Körper der Maus haben wir mit kieselgrauer Flüssigglasur versehen, die Augen und die Nasenspitze wurden in glänzendem Schwarz, der Mund und das Innere der Ohren mit Rot glasiert.

Pinguin

❶ Eine schöne runde Kugel aus weißem Ton bildet den Körper.

❷ Der Kopf besteht aus einem „Bienenkorb", ca. 5,5 cm hoch und 4 cm dick (Zeichnung 1). Diesen höhlen Sie von unten her aus, biegen die Ränder etwas nach außen, schlickern sie ein und streichen den Kopf sorgfältig an. Zuvor muss ein Loch in den Körper gebohrt werden, durch das die Luft beim Brennen aus dem Kopf entweichen kann.

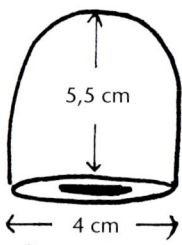

Zeichnung 1 Kopf

❸ Für den Schnabel formen Sie eine ca. 6 cm hohe Pyramide mit einer dreieckigen Grundfläche, deren Seiten ca. 2 cm lang sind (Zeichnung 2). Der Schnabel wird an der Grundfläche gut angeraut und mit Schlicker in der Mitte des Kopfes befestigt.

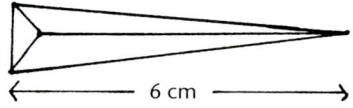

Zeichnung 2 Schnabel

❹ Mit einem dünnen Kochlöffelstiel oder einem ähnlichen Gegenstand drücken Sie zwei Augenhöhlen links und rechts oberhalb des Schnabels ein. Dort hinein schlickern Sie zwei kleine Kugeln.

❺ Die Flügel bestehen aus langen Tropfen (11 cm lang, 4 cm breit), die Sie aus einem ausgerollten Stück Ton ausschneiden. Die Spitzen dieser Tropfen werden ein wenig zur Seite gebogen (Zeichnung 3). Anschließend schlickern Sie die Flügel ein und setzen sie links und rechts am Körper an, sodass die Spitzen nach unten zeigen. Oben können die Flügel mit dem Körper verstrichen werden.

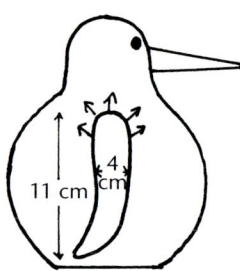

Zeichnung 3 Flügel

❻ Der Schwanz wird in Form eines „Torbogens" (4 cm breit, 3 cm hoch) aus ausgerolltem Ton ausgeschnitten und etwas gebogen, sodass Sie ihn nach oben hin mit dem Körper verstreichen können. Wer mag, kann noch einige Kerben in den Schwanz drücken (Zeichnung 4).

Zeichnung 4 Schwanz

❼ Die vier Zehen bestehen aus ca. 3 cm langen Wülsten, die an einem Ende schräg angeschnitten werden, damit sie

sich der runden Körperform besser anpassen. Mit dieser angeschrägten Seite
werden die Zehen mit Schlicker vorn unter dem Körper angebracht und verstrichen. Anschließend drücken Sie jeden
Zeh vorn mit Daumen und Zeigefinger
zusammen, sodass Krallen entstehen.
❽ Schließlich zeichnen Sie mit einer
Nadel eine Linie, die von den Flügeln bis
zum Schnabel verläuft. Diese Linie er-
leichtert das Glasieren. Das Luftloch
nicht vergessen!

Glasur
Wir haben den Rücken des Pinguins
einschließlich Kopf und Flügel matt-
schwarz, den Bauch seidenmattweiß glasiert. Die Augen wurden mit einer glänzenden schwarzen, die Füße mit einer
orangefarbenen und der Schnabel mit
einer roten Glasur versehen.

Schildkröte

❶ Eine Kugel aus weißem Ton wird an der Unterseite gut flach geklopft.

❷ Für die Beine werden vier fingerdicke Rollen, ca. 6 cm lang, zu einem leichten S gebogen und am einen Ende schön flach gestrichen. Das flache Ende wird angeraut, eingeschlickert, am Körper sorgfältig angesetzt und verstrichen (Zeichnung 1).

Tipp: Wenn Sie für den Kopf und die Beine schwarzen Ton verwenden, brauchen Sie diese später nicht zu glasieren.

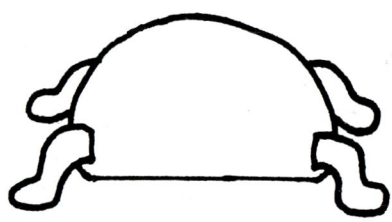

Zeichnung 1 Beine

❸ Für den Hals formen Sie einen Wulst mit ca. 2,5 cm Durchmesser und 2,5 cm Länge. Als Kopf wird eine walnussgroße Kugel an den Wulst angearbeitet (Zeichnung 2).

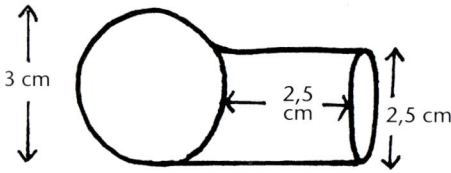

Zeichnung 2 Kopf und Hals

❹ Für die Augen setzen Sie mit Schlicker kleine Halbkugeln aus schwarzem Ton auf. Vorher drücken Sie, z.B. mit einem Kochlöffelstiel, zwei Augenhöhlen leicht ein. Darüber legen Sie einen kleinen Wulst aus der Tonfarbe des Kopfes,

den Sie nach oben verstreichen (Zeichnung 3).

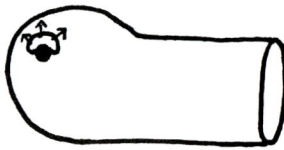

Zeichnung 3 Augen

❺ Der Mund und die Nasenlöcher werden, z.B. mit einem Schaschlikspieß, eingedrückt (Zeichnung 4).

Zeichnung 4 Nase und Mund

❻ Danach wird der Hals am Ende gerade geschnitten, aufgeraut, mit Schlicker gut am Körper befestigt und verstrichen. Der Kopf sollte mit Zeitungspapier etwas abgestützt werden.

❼ Als Schwanz wird ein kleines Dreieck hinten am Körper angebracht.

❽ Danach legen Sie einen Wulst von ca. 1 cm Durchmesser um den ganzen Körper und verstreichen diesen nur nach oben (Zeichnung 5).

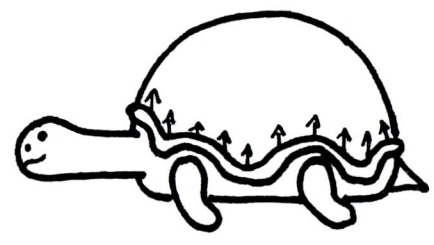

Zeichnung 5 Panzer

❾ Schließlich wird der Rücken mit einem beliebigen Muster versehen. An den Füßen können noch Schuppen eingedrückt werden, wozu Sie z.B. das hintere Ende eines Löffels oder einer Gabel benutzen können.

❿ Vergessen Sie am Schluss das Loch unten am Bauch nicht!

Glasur

Wir haben den Panzer der Schildkröte mit einer stahlblauen Mattglasur mit blauen Sprenkeln, Füße, Kopf und Schwanz mit Dunkelbraun glasiert.

Dinosaurier

1 Eine schöne runde Kugel aus weißem Ton bildet den Körper.

2 Für die Füße benutzen Sie vier dickere Tonscheiben, in die Sie je zwei Dreiecke einschneiden (Zeichnung 1). Die entstehenden Spitzen drücken Sie mit Daumen und Zeigefinger etwas zusammen, sodass sie wie Zehen aussehen.

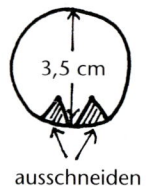

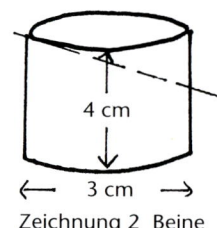

Zeichnung 1 Füße   Zeichnung 2 Beine

3 Die Beine bestehen aus vier Wülsten von etwa 3 cm Durchmesser und 4 cm Länge. Diese Wülste schneiden Sie schräg an, damit sie sich gut an den runden Körper anpassen (Zeichnung 2). Danach setzen Sie die Beine unter dem Körper dicht beieinander liegend mit Schlicker an und verstreichen die Seiten sorgfältig. Schließlich schneiden Sie die Beine unten schön gerade und befestigen die Füße darunter. Die Ansatzstellen werden gut verstrichen. Dann bohren Sie aus Sicherheitsgründen, z. B. mit einem Pinselstiel, von unten in jeden Fuß ein Loch bis in den Körper.

4 Der Hals besteht aus einem besenstieldicken Wulst von ca. 11 cm Länge, der nach unten dicker wird. Das dickere Ende wird angeschrägt, damit sich der Hals besser an die Körperrundung anpasst (Zeichnung 3). Danach bohren Sie mit einem Kochlöffelstiel von oben nach unten durch den Wulst. Dann versehen Sie den Körper 8 bis 10 cm über den Vorderfüßen mit einem Loch und setzen

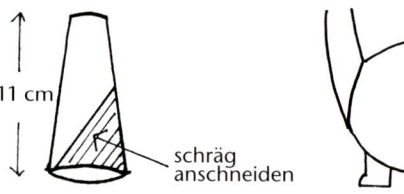

Zeichnung 3 Hals   Zeichnung 4 Hals und Körper

den Hals (Loch auf Loch) an, sodass er senkrecht auf dem Körper sitzt (Zeichnung 4). Zuvor muss die angeschrägte Seite des Halses eingeritzt und eingeschlickert werden. Alles wird gut verstrichen. Um sicherzugehen, dass sich das Loch im Hals nicht zugesetzt hat, stechen Sie nochmals vorsichtig mit dem Kochlöffel von oben bis in den Körper.

5 Für den Kopf benötigen Sie eine hühnereigroße Kugel, die Sie von unten etwas aushöhlen und auf den Hals so aufsetzen, dass sich eine Schnauze bildet. Zeichnen Sie mit einem spitzen Gegenstand einen Mund und drücken Sie, z. B. mit einem Pinselstiel, darüber zwei dicht aneinander liegende Nasenlöcher (Zeichnung 5) ein.

Zeichnung 5 Kopf und Gesicht

6 Für die Augen formen Sie zunächst eine haselnussgroße Kugel und schneiden diese in der Mitte durch. Die Halbkugeln werden nochmals halbiert. Je eine dieser 1/4-Kugeln schlickern Sie links und rechts oben auf dem Kopf an, sodass eine Schnittstelle Richtung Nase zeigt. Mit einem dünnen Kochlöffelstiel wer-

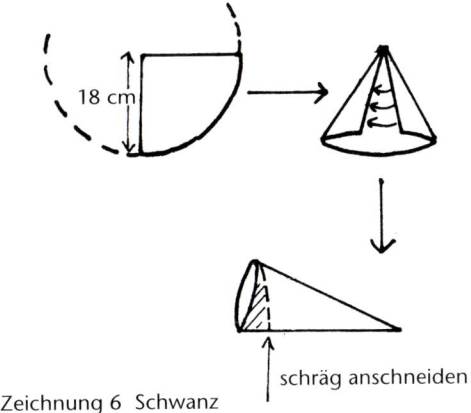

❼ Für den Schwanz schneiden Sie gemäß der Zeichnung einen Viertelkreis (Radius ca. 18 cm) aus einem ausgerollten Stück Ton aus. Dieser Kreisausschnitt wird zu einer „Tüte" geformt und angeschrägt (Zeichnung 6). Am Hinterteil wird der Körper mit einem Loch versehen. Dann verstreichen Sie den Schwanz ordentlich am Körper, sodass er auf der Unterlage aufliegt.

18 cm

schräg anschneiden

Zeichnung 6 Schwanz

Glasur

Wir haben unseren Dino mit einer grünen matten Glasur mit blauen Sprenkeln glasiert. Die Augen erhalten eine schwarze Glanzglasur.

den zwei Vertiefungen in die Augen gedrückt, in denen Sie dann zwei kleine Kugeln befestigen (Zeichnung 5).

55

Eichhörnchen

❶ Eine weiße, etwas abgeflachte, aufrecht gestellte Kugel bildet den Körper.

❷ Für den Kopf formen Sie ein größeres Ei, wobei die Spitze die Schnauze bilden soll, die runde Seite den Hinterkopf. Sie höhlen den Kopf von der Unterseite her aus (Zeichnung 1), stechen mit dem Strohhalm ein Loch oben in den Körper und setzen den Kopf auf, nachdem Sie die Ansatzstellen zuvor aufgeraut und eingeschlickert haben. Zur Sicherheit legen Sie noch einen dünnen Wulst zwischen Kopf und Körper und verstreichen diesen.

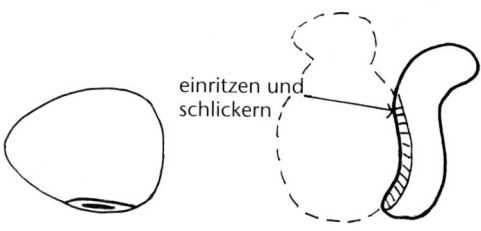

einritzen und schlickern

Zeichnung 1 Kopf   Zeichnung 2 Schwanz

❸ Der Schwanz besteht aus einem dicken Wulst von ca. 25 cm Länge und ca. 7 cm Durchmesser. Dieser Wulst muss ausgehöhlt werden, damit er beim Brennen nicht platzt. Dazu schneiden Sie den Wulst der Länge nach durch, schaben den Ton in der Mitte heraus (Wandstärke ca. 1 cm), setzen die beiden halben Wülste wieder zusammen und verstreichen die Naht. Formen Sie den Schwanz zu einem leichten S, ritzen Sie die eine Seite des S, abgesehen vom oberen Drittel, ein (Zeichnung 2) und befestigen Sie es mit Schlicker gut am Körper. Sicherheitshalber bohren Sie von unten ein Loch in den Schwanz, damit die Luft aus dem Hohlraum beim Brennen entweichen kann.

Aufgepasst: Der Schwanz bekommt leicht Dellen!

❹ Für die Füße formen Sie einen Wulst von ca. 2 cm Durchmesser und 12 cm Länge und schneiden diesen in der Mitte schräg durch (Zeichnung 3). Die angeschrägten Enden werden eingeritzt, unter dem Körper befestigt und verstrichen. Sie schneiden zwei Kerben in jeden Fuß und drücken die Enden zwischen den Kerben mit Daumen und Zeigefinger zusammen, sodass Krallen angedeutet werden.

durchschneiden

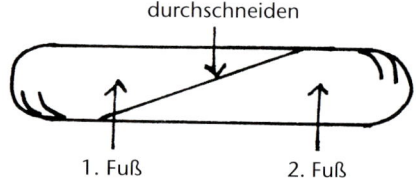

1. Fuß   2. Fuß

Zeichnung 3 Füße

❺ Für die Vorderbeine formen Sie zwei ca. 12 cm lange und 2 cm dicke Wülste, die Sie an den Enden abflachen. Die Arme werden am vorderen Ende mit drei Kerben versehen. Dadurch ergeben sich vier Zehen, die Sie an den Spitzen, wie bei den Füßen, zusammendrücken. Die Arme werden seitlich am Körper sauber angebracht, sodass nur die Pfoten über den Körper hinausragen. Eine walnussgroße Tonkugel wird zwischen den Pfoten und am Körper als Nuss befestigt.

❻ Für die Ohren schneiden Sie aus einem ausgerollten Stück Ton je ein U aus, ungefähr 5 cm lang und 3 cm breit. Die Ohren werden unten etwas angeschrägt (Zeichnung 4), damit sie sich besser an die Kopfform anpassen, eingeschlickert und am Hinterkopf befestigt. Es ist sinn-

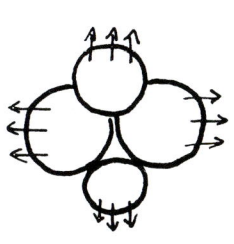

voll, hinter den Ohren noch einen kleinen Wulst zur Verstärkung anzubringen.

7 Für die Schnauze benötigen Sie zwei haselnussgroße Halbkugeln und zwei erbsengroße Kugeln. Diese werden in der beschriebenen Weise vorn am Kopf mit Schlicker aufgesetzt und in Pfeilrichtung verstrichen (Zeichnung 5).

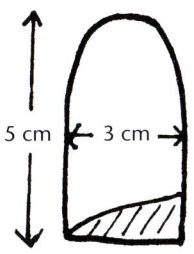
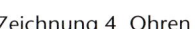

Zeichnung 4 Ohren   Zeichnung 5 Schnauze

8 Für die Augen drücken Sie mit einem dickeren Kochlöffelstiel zwei Augenhöhlen tief ein und formen zwei erbsengroße Kugeln aus schwarzem Ton, die Sie in den Augenhöhlen befestigen. Zwei dünne Wülste werden halbkreisförmig als Lider über die Augen gelegt und nach oben verstrichen.

9 Zum Abschluss rauen Sie den Schwanz und die Spitzen der Ohren mit einer Gabel kräftig auf.

Glasur

Wir haben das Eichhörnchen mit einer kastanienbraunen Flüssigglasur glasiert. Für die Augen, die Nase und einige Striche auf den Ohrenspitzen und dem Schwanz haben wir eine schwarze Glanzglasur verwendet.

Elefant mit Hose

❶ Eine Kugel aus schwarzem Ton wird unten flach geklopft.

❷ Als Kopf benutzen Sie ein Stück Ton in Form einer Glocke (ca. 8 cm hoch), höhlen diese von unten her aus (Wandstärke ca. 0,5 bis 1 cm, Zeichnung 1), versehen die Kugel oben mit einem Loch, setzen die Glocke mit Schlicker auf und verstreichen alles gut.

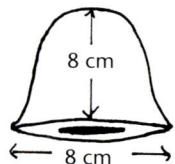

Zeichnung 1 Kopf

❸ Danach werden die Arme eingedrückt. Dazu benutzen Sie die Holzlatte, mit der 4 senkrechte tiefe Kerben in den Körper eingedrückt werden (Zeichnung 2).

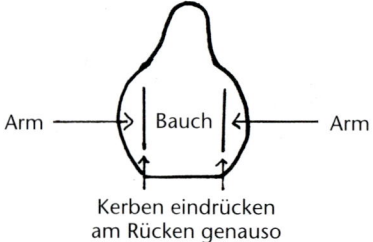

Zeichnung 2 Arme

❹ Danach formen Sie dünne Wülste, die in der Mitte des Bauches und des Rückens aufgelegt und nach unten hin ausgestrichen werden. Dadurch entsteht der Eindruck, der Elefant habe eine Hose an (Zeichnung 3).

❺ Für die Taschen werden ebenfalls zwei Wülste geformt. Diese werden etwas unter dem Hosenbund auf die Arme aufgesetzt und ebenfalls nach unten hin verstrichen (Zeichnung 3). Jetzt sieht es aus, als habe der Elefant die Hände in der Hosentasche.

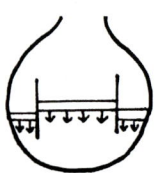

Zeichnung 3 Hose und Taschen

❻ In der Mitte des Rückenteils wird unten eine „Po-Ritze" mit dem Finger eingedrückt.

❼ Wir haben außerdem Hosenträger aus flach gedrückten Tonwülsten angeritzt, geschlickert, angesetzt und gut angedrückt.

❽ Der Rüssel wird aus einem ca. 10 cm langen, nach unten schmaler werdenden Wulst gebildet. Die dickere Seite des Wulstes wird etwas flach gedrückt, in der Mitte des Kopfes angebracht (Zeichnung 4) und am Kopf gut verstrichen, sodass keine Naht mehr zu sehen ist. Das untere Drittel des Rüssels wird nach oben gebogen und die Spitze quer eingekerbt. Der Rüssel kann auch noch im oberen Teil mit Kerben versehen werden.

❾ Für die Augen formen Sie zwei kleine Tonscheiben aus weißem Ton und schlickern diese am Kopf mit sauberen Fingern an. Für die Pupillen bringen Sie zwei kleinere Tonscheiben aus schwarzem Ton auf dem weißen Untergrund nur mit Wasser an. Je nachdem, wo die Pupillen befestigt werden, erhält der Elefant einen nachdenklichen (Pupillen sitzen unten), einen pfiffigen (Pupillen sitzen seitlich) oder einen optimistischen (Pupillen sitzen oben) Charakter. Zwei

![Foto eines Tonelefanten mit Hose im Gras]

dünne Wülste werden halbkreisförmig als Lider über die Augen gelegt und nach oben verstrichen.

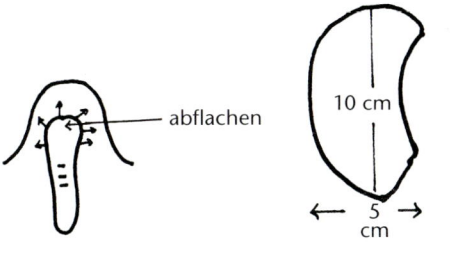

Zeichnung 4 Rüssel

Zeichnung 5 Ohren

❿ Die Ohren werden entsprechend der Zeichnung aus einem ausgerollten Stück Ton ausgeschnitten und links und rechts am Kopf sorgfältig angebracht (Zeichnung 5).

Glasur

Wir haben die Hose des Elefanten mit einer korallenfarbenen, gesprenkelten matten Flüssigglasur bemalt. Die Augen wurden mit einer farblosen Glanzglasur versehen.

Gorilla

❶ Eine Kugel aus schwarzem Ton wird unten flach geklopft.

❷ Als Kopf benutzen Sie ein Stück Ton in Form einer Glocke (ca. 8 cm hoch), höhlen diese von unten her aus (Wandstärke ca. 0,5 cm, Zeichnung 1), versehen die Kugel oben mit einem Loch, setzen die Glocke mit Schlicker auf und verstreichen alles gut.

❸ Die Schnauze wird aus einem Stück Ton in Form eines Bienenkorbes gebildet (ca. 3,5 cm hoch), der wiederum etwas ausgehöhlt und im Mittelteil des Kopfes angesetzt wird (Zeichnung 2). Zuvor wird natürlich ein Loch in die Ansatzstelle gebohrt. Danach ritzen Sie den Mund mit einem Schaschlikspieß oder einem anderen Werkzeug rundherum ein. Die Nasenlöcher werden ca. 1 cm über dem Mund dicht beieinander liegend, z. B. mit einem Pinselstiel, eingedrückt.

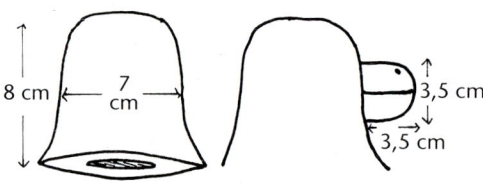

Zeichnung 1 Kopf   Zeichnung 2 Schnauze

❹ Für die Ohren wird eine runde Tonscheibe von 1 cm Durchmesser geformt, halbiert und links und rechts in Augenhöhe am Kopf befestigt. Mit einem dünnen Kochlöffelstiel kann eine Vertiefung eingedrückt werden.

❺ Für die Augen drücken Sie mit einem dünnen Kochlöffelstiel direkt über der Schnauze zwei Höhlen im Abstand von ca. 2 cm ein. Zwei kleine Kugeln werden geformt und in den Höhlen mit Schlicker befestigt. Zwei kleine Tonwülste werden halbkreisförmig als Augenlider über die Kugeln gelegt und vorsichtig in Richtung Stirn verstrichen.

❻ Für Arme und Beine benötigen Sie vier ca. 17 cm lange und ca. 3 cm dicke Tonwülste, die Sie an einem Ende mit dem Daumen auf einer Länge von ca. 5 cm flachdrücken. Affen haben schmale, lange Hände und Füße, sodass die flach gedrückten Enden so beschnitten werden müssen, dass sie nicht breiter sind als die Wülste (Zeichnung 3).

abschneiden

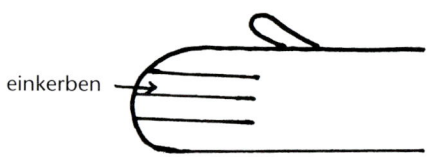

abschneiden

Zeichnung 3 Arme und Beine

❼ Für die Finger bzw. Zehen kerben Sie die flachen Enden dreimal ca. 4 cm lang ein. Diese Kerben werden mit einem dünnen Borstenpinsel nachgezogen, sodass keine Kanten mehr zu sehen sind. Die Daumen bzw. großen Zehen werden als kleine Wülste an den Hand- bzw. Fußkanten ca. 5 cm von den Finger- bzw. Fußspitzen entfernt gesondert angesetzt (Zeichnung 4). Dabei sollten Sie darauf achten, dass es eine linke und eine rechte Hand gibt.

einkerben

Zeichnung 4 Hände und Füße

Tipp: Wenn Sie die eigenen Hände genau betrachten, fällt das Formen leichter.

8 Nun setzen Sie Arme und Beine am Körper an. Zunächst werden die Arme am hinteren Ende abgeflacht, an den Schnittkanten angeritzt (Zeichnung 5), rechts und links unterhalb des Kopfes angebracht und gut verstrichen (die Daumen müssen zum Kopf hin zeigen). Die Beine werden ganz unten am Körper in gleicher Weise angebracht.

abschneiden

Zeichnung 5 Schultern bzw. Oberschenkel

9 Danach werden die Arme und Beine so gebogen, dass Hände und Füße sich berühren bzw. umfassen. Am besten probieren Sie ein bisschen herum.

Es ist sinnvoll, die Arme und Beine an einer unsichtbaren Stelle mit dem Körper zu verbinden, damit sie den Trocknungs- und Brennvorgang unbeschadet überstehen. Das Loch nicht vergessen!

10 Zum Schluss wird noch eine Banane geformt, die Sie dem Gorilla erst beim Glasurbrand in die Hand legen.

Glasur

Der Gorilla wurde am Körper mit einer schwarzen glänzenden Flüssigglasur, an Händen, Füßen und Augen mit einer schwarzen matten Flüssigglasur glasiert.

Hase

❶ Der Hasenkörper besteht aus einer Kugel aus weißem Ton.

❷ Für den Kopf formen Sie eine apfelsinengroße massive Kugel, schneiden ca. ein Drittel davon ab und höhlen den verbleibenden Teil mit dem Löffel oder einer Modellierschlinge von der geraden Seite her etwas aus (Zeichnung 1). Dort, wo der Kopf aufgesetzt wird, muss ein Luftloch in den Körper gebohrt werden. Der Kopf wird mit Schlicker aufgesetzt und gut angearbeitet. Zur Verstärkung können Sie einen Wulst um den Kopf legen und diesen nach oben und unten verstreichen.

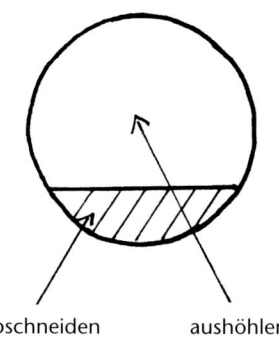

abschneiden   aushöhlen

Zeichnung 1 Kopf

❸ Für die Ohren werden zwei ca. 7 cm lange und ca. 3,5 cm breite, an den Enden spitz zulaufende Tonstreifen etwas gewölbt (Zeichnung 2), an den Kopf angesetzt und gut verstrichen. Zur Verstärkung kann noch eine kleine Rolle hinter den Ohren angebracht und verstrichen werden.

❹ Für die Nase und die Schnauze formen Sie zwei kleine Kugeln und ein kleines Dreieck aus Ton, ca. 1/2 cm dick und mit einem Durchmesser von 1 cm. Diese werden in der beschriebenen Weise aufgesetzt und in der angegebenen Rich-

tung verstrichen (Zeichnung 3). Sie können noch zwei Hasenzähne und Barthaare mit Schlicker aufsetzen.

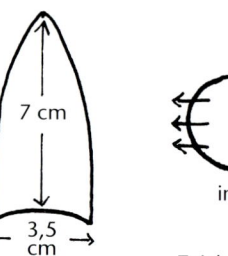
7 cm

← 3,5 →
cm
Zeichnung 2 Ohren

in Pfeilrichtung verstreichen

Zeichnung 3
Nase und Schnauze

❺ Für die Augen werden zwei Augenhöhlen mit einem Kochlöffelstiel eingedrückt. Danach setzen Sie zwei erbsengroße Kugeln aus dunklem Ton in diese Höhlen. Die Augen erscheinen lebendiger, wenn Sie sie mit zwei Augenlidern aus winzigen Tonwülsten versehen, die halbkreisförmig über die Augen gelegt und nur in Richtung Ohren vorsichtig verstrichen werden.

❻ Die Füße bestehen aus vier flach gedrückten Kugeln, die unter dem Körper mit Schlicker angebracht und gut verstrichen werden. Die Zehen werden mit dem Messer eingedrückt. Das Schwänzchen ist eine an einer Seite abgeflachte Kugel, die angeritzt und angeschlickert am Hinterteil angesetzt wird.

❼ Vergessen Sie nicht das Loch an der Unterseite!

Glasur

Der Hase wurde mit einer sandfarbenen Flüssigglasur glasiert. Die Augen erhielten eine schwarze Glanzglasur, die Füße und das Innere der Ohren haben wir mit ein paar Pinselstrichen weiß übermalt.